AF230207

APERÇU GÉNÉRAL

SUR

LA COLONISATION DE L'ALGÉRIE,

POUR SERVIR DE BASE

A

L'ORGANISATION DU TRAVAIL ;

Par OBERT,

AGENT GÉNÉRAL DE LA COMPAGNIE BELGE DE COLONISATION,

ET

JULES CARLES,

Avocat.

> Il est possible, d'ici à peu d'années, non seulement de diminuer les charges que l'occupation de l'Algérie impose à la France, mais encore d'y entretenir l'armée et d'y créer, en outre, pour l'état, un revenu et un domaine qui couvriraient largement les sacrifices faits jusqu'à ce jour.

IMPRIMERIE DE VASSAL FRÈRES,
RUE SAINT-DENIS, 368.

1843.

APERÇU GÉNÉRAL

SUR

LA COLONISATION DE L'ALGÉRIE,

POUR SERVIR DE BASE

A

L'ORGANISATION DU TRAVAIL ;

Par OBERT,

AGENT GÉNÉRAL DE LA COMPAGNIE BELGE DE COLONISATION,

ET

JULES CARLES,

Avocat.

> Il est possible, d'ici à peu d'années, non seulement de diminuer les charges que l'occupation de l'Algérie impose à la France, mais encore d'y entretenir l'armée et d'y créer, en outre, pour l'état, un revenu et un domaine qui couvriraient largement les sacrifices faits jusqu'à ce jour.

IMPRIMERIE DE VASSAL FRÈRES,

RUE SAINT-DENIS, 368.

—

1843.

PARIS. — IMPRIMERIE DE VASSAL FRÈRES, RUE SAINT-DENIS, 368.

APERÇU GÉNÉRAL

SUR LA

COLONISATION DE L'ALGÉRIE.

Appréciation comparative de la Colonisation individuelle et de la Colonisation collective.

S'il est une question qui ait eu le privilége de passionner l'opinion publique, c'est évidemment celle de la colonisation de l'Algérie. Elle a eu ses détracteurs et ses protecteurs également enthousiastes : les uns et les autres, dupes de l'exagération que ceux-ci mettaient dans leurs espérances, ceux-là, dans les difficultés qu'il fallait vaincre. De ces diverses assertions prises à un point de vue si opposé, il est arrivé, comme pour toutes les grandes questions qui ont le temps pour elles, que la vérité s'est faite pour tous, et que la colonisation de l'Algérie est aujourd'hui considérée comme une chose d'une utilité incontestable, et dont les difficultés, surmontables d'ailleurs, doivent néanmoins se mesurer à la grandeur de l'œuvre.

Une des entreprises les plus considérabies qu'un état puisse tenter est, sans contredit, celle de la colonisation des contrées qui lui ont été jusque-là étrangères. Ses forces matérielles et morales y sont également ment intéressées, et il y a pour lui l'occasion d'un emploi fréquent de choses et d'idées. Aussi, ce n'est qu'après de prudentes hésitations et après s'être bien assuré des dédommagements qu'il en peut tirer sous ce double rapport, qu'un gouvernement se risque à ajouter à ses charges et à sa puissance celles qui l'attachent à la possession des métropoles.

Outre le point de vue politique, qu'il ne nous appartient pas de traiter ici, deux questions se présentent dès l'abord à tout gouvernement colonisateur : la première, toute matérielle, considère le genre de productions du pays à coloniser, ses besoins commerciaux, et ce que la métropole peut tirer des unes et donner aux autres ; la seconde, d'un ordre plus élevé, touche à l'état social de la métropole même, à celui de la population, à son chiffre, à ses besoins, à sa situation ; enfin, toute colonisation qui peut satisfaire à ces deux sortes de nécessités est évidemment pleine d'opportunité pour les états qui veulent la tenter ; il nous semble que celle de l'Algérie, considération prise de ses ressources commerciales et agricoles, et de notre état social, se présente à nous avec les conditions requises d'à-propos et d'utilité.

Et d'abord, l'Algérie présente-t-elle des garanties matériellés suffisantes? Ses produits agricoles sont-ils assez nombreux, assez variés? sont-ils particulièrement de nature à remplacer sur nos marchés certains de ceux que l'étranger nous fournit, et pour lesquels nous sommes tributaires? Sa position géographique est-elle assez commerciale pour offrir à nos propres produits de nouveaux débouchés? L'affirmative nous paraît incontestable sur ces deux points. Quant à la richesse agricole, on doit la mesurer par ce qu'elle fut sous la direction prévoyante de Rome, qu'elle alimenta jusqu'au jour où la barbarie reprit, pour l'avilir encore, le domaine qu'elle avait perdu. Mais quelque funeste que son influence ait pu être, elle n'a pu enlever à la terre ses premières conditions de fécondité ; elles se retrouveront toujours sous une main laborieuse, et l'Afrique pourra pour la seconde fois devenir, dans des jours de disette, un grenier de prévoyance. Sans attendre, d'ailleurs, cette fâcheuse éventualité, il est des produits spéciaux dont nous pouvons retirer des avantages à peu près immédiats. Ainsi, et pour n'en citer que quelques-uns, l'huile, la soie, le tabac, que l'Italie et les colonies espagnoles nous fournissent, sont des produits qui peuvent devenir si abondants en Algérie, qu'ils devront

avant peu améliorer sensiblement le côté de notre situation commerciale. Quant à la question géographique et commerciale, il suffit, pour
l'apprécier, de considérer que cette position nous laisse les arbitres
du commerce de tout le littoral de la Méditerranée, ainsi que de la route
des Indes ; et qu'en pacifiant l'Algérie , la France trouvera de nouveaux consommateurs, pour ses produits manufacturiers, parmi les
nombreuses tribus Arabes et Africaines, ainsi que chez les colons
que nous y conduirons.

La colonisation se présente donc sous ces deux rapports, simplement indiqués ici , dans les conditions matérielles que nous avons si-
gnalées plus haut. Il y a pour nous occasion particulière de travail et
de richesse : reste à savoir si notre propre situation au-dedans nous
impose impérieusement l'obligation de la saisir au plus tôt

Il ne nous appartient peut-être pas de traiter ce point douloureux
de la question. Mais peut-on sûrement chercher le remède avant d'a-
voir constaté le siége et la nature du mal? N'en sommes-nous pas
tous atteints, et le gouvernement n'y trouve-t-il pas le sujet d'une de
ses plus graves préoccupations? Quelque soin qu'il y porte, quelques
sacrifices qu'il s'impose pour l'arrêter, le torrent gronde encore et
creuse, en avançant, où tout ce qui fut saint et grand, croyance, propriété, famille, menace de s'abîmer en un jour. A l'exagération cou-
pable des principes révolutionnaires, il faut joindre aussi, comme une
dés causes déterminantes de cet état critique, le développement inat-
tendu des populations, qui réduit la société entière, dans ses divers
degrés, à l'état ruineux de l'emcombrement.

Elle n'a point été préparée pour régler cette invasion subite d'hommes et de passions ; elle n'a pu donner cours à ces flots tumultueux
qui la poussent ; elle a lutté contre eux, et, où il fallait une issue, c'est
une digue chancelante qu'elle a posée ; le mal est donc resté le même,
pour s'accroître encore, puisqu'il se retrouve dans ses premières conditions de développement.

Cette situation morale de notre état social, que nous ne faisons
que signaler ici, cette exubérance de forces qu'elle ne peut distribuer, nous semblent devoir placer la France dans les conditions qui

rendent indispensable aux grands états la fondation de colonies où ils puissent s'étendre, et donner à la colonisation de l'Algérie toute l'importance d'une entreprise sociale.

La difficulté n'est donc plus que dans les moyens à employer dans le choix des divers systèmes proposés ; nous ne craignons pas de dire, parce que l'expérience l'a prouvé, que tous ceux qu'on a tentés jusqu'ici ne portaient point avec eux cette prévoyance, cette unité de vues, cette concentration d'efforts nécessaires à de pareilles entreprises. Pouvait-il en être autrement, lorsqu'ils ont tous été livrés aux essais isolés de quelques individus épars sur un grand espace, sans lien, sans rapports entre eux ; chacun essayant, à part soi et en sens contraire, une organisation nouvelle qui demandait avant tout une grande simultanéité d'efforts et cette régularité de mouvement nécessaire à toutes les œuvres dont l'ordre social est le but ? Livrer ainsi au caprice individuel la colonisation d'un pays où tout est nouveau pour ceux qui s'en emparent, hommes et choses, institutions, coutumes et ressources matérielles, c'est retomber dans l'enfance des sociétés, à qui une longue expérience seule apprit les ressources d'une organisation sociale; coloniser un pays, c'est, ce nous semble, s'en emparer bien moins dans sa propriété que dans son esprit; c'est lui donner son esprit et ses mœurs ; c'est le façonner aux lois qu'on lui porte, comprendre ses besoins, ramener ses tendances égarées; c'est se l'assimiler, c'est enfin le civiliser. L'individu peut-il suffire à une pareille entreprise ? Ne rentre-t-elle pas, au contraire, dans l'ordre de ces grandes choses que de puissantes associations peuvent seules tenter? Et lorsqu'on a à lutter contre des croyances qui ont le fanatisme pour elles, contre un peuple entier organisé dans les mœurs sauvages, ne faut-il pas opposer à ces masses guerrières, qui, après être désarmées, luttent encore en s'isolant dans leurs coutumes, des masses égales de force et de mouvement? C'est une question de peuple à peuple, de civilisation, de religion à religion; la lutte commence par les armes, elle finit par les idées, après avoir groupé les unes, il faut organiser les autres, et se préparer à cette guerre pacifique qui ne gagne ses batailles qu'avec la lenteur des siècles.

Nous croyons qu'il est facile de démontrer que le travail individuel ne peut suffire à aucun des grands travaux de fondation et d'exploitation que la colonisation de l'Algérie exige tout particulièrement ; ils nous paraissent au contraire de nature à n'être traités que par une large association de travailleurs. Quelques mots, en les détaillant, suffiront pour le prouver.

Les premières questions qui se présentent dans la colonisation de l'Algérie, sont celles-ci :

1° De l'assainissement progressif de certaines parties du pays, celles qui offrent précisément le plus de ressources à la culture.

2° De la culture et des cultivateurs.

3° De l'exploitation régulière des forêts, des plantations annuelles.

4° Des travaux d'irrigations et de l'aménagement des eaux.

5° De la protection contre les indigènes et de leur éducation.

6° De la position des établissements à fonder.

De l'Assainissement.

L'assainissement de la Mitidja et des autres contrées insalubres de l'Algérie, chose indispensable, vu leur fertilité et les résultats agricoles qu'on en pourrait tirer, est-il possible ? On n'en peut douter, puisque l'insalubrité des lieux tient à des causes particulières que le travail peut détruire, au desséchement des marais particulièrement. Outre les frais considérables qu'une entreprise individuelle aurait la crainte d'engager dans une pareille opération, elle serait avant peu arrêtée par le défaut des bras qu'il lui faudrait. Les ouvriers Européens succomberaient promptement aux causes réunies d'un travail continu et de l'insalubrité des lieux, et au bout de peu de temps il serait impossible de les remplacer ; le personnel de l'exploitation étant effrayé, s'il n'était même complètement détruit. Quelle que fût la prévoyance du propriétaire, il ne pourrait prévenir le mal ; car, étant limité dans ses moyens d'action, ne pouvant disposer d'un nombre assez considérable d'hommes pour varier le service de son exploitation, il serait forcé de soumettre fréquemment les mêmes hommes aux influences morbides qu'ils ne pourraient supporter qu'à de longs intervalles. On connaît d'ailleurs l'avidité des maîtres qui ne considèrent que le but qu'ils veulent atteindre, sans ménager les instruments qu'ils emploient. Quelle serait d'ailleurs la pensée directrice d'un semblable travail, livré aux systèmes particuliers de quelques individus qui, loin de mettre les moyens de chacun en rapport, n'y verraient le plus souvent que l'occasion de satisfaire les rancunes si familières entre les propriétaires limitrophes? Il est évident qu'une opération, d'une si grande importance qu'elle touche à la vie des hommes, ne peut être livrée à la faiblesse, à l'incapacité ou au mauvais vouloir des personnes. Elle doit être traitée par une pensée indépendante, ayant à sa disposition toutes les forces nécessaires aux grandes choses, hommes, argent, intelligence, autorité : l'association peut seule disposer de tous ces moyens, qui ne sauraient se trouver collectivement dans la main d'un seul.

L'assainissement marcherait régulièrement avec elle, car elle n'aurait qu'un système que rien ne balancerait à côté; il ne présenterait point de danger pour les travailleurs, puisqu'ils seraient assez nombreux pour être remplacés journellement. Dès-lors l'épidémie n'aurait pas assez de temps pour les atteindre : ils reprendraient leurs travaux dans les parties saines de la colonie; ils auraient d'ailleurs mis dans l'accomplissement de leur tâche un dévouement égal à leur part d'intérêts dans les profits de l'association. Ainsi l'assainissement marcherait progressivement sans interruption ni danger, et peu de temps suffirait à l'accomplissement d'une œuvre à laquelle auraient failli tous les efforts isolés.

Quelles que soient les ressources dont l'état puisse disposer, il nous semble que lui-même ne pourrait remplacer l'association sur ce point. Aurait-il à sa disposition assez d'ouvriers pour les renouveler aussi fréquemment que la condition de ce genre de travail l'exige? Que feraient-ils après avoir fini leur tâche, jusqu'au moment où ils devraient la reprendre? Le gouvernement emploierait-il ses troupes? Mais le service de l'armée qui pourrait les réclamer de jour en jour, ne viendrait-il pas interrompre les travaux au moment même de leur plus grand développement? Et d'ailleurs, dans l'intérêt de qui voudrait-il les entreprendre? Dans celui des propriétaires futurs? Mais ceux-ci l'indemniseraient-ils de ses dépenses? le pourraient-ils? On ne saurait, d'ailleurs, classer l'assainissement au nombre des travaux d'utilité publique, si ce n'est sur quelques points, puisqu'il ne serait point fait pour la généralité, mais simplement pour quelques intérêts privés qui seuls en retiraient le fruit. Il ne peut donc être fructueusement entrepris que par une réunion d'hommes ayant un intérêt plus direct que le gouvernement, et un ensemble de moyens d'action que la faiblesse et la division des efforts individuels ne pourraient jamais réunir.

Culture.

La grande culture, qui, depuis le morcellement des propriétés en France, a dû faire place à des exploitations bornées, a eu, pendant quelques temps, ses détracteurs. On a cru que notre production territoriale devait être en raison du nombre des bras qui y seraient intéressés. L'expérience a bientôt appris que les efforts des propriétaires étaient trahis par l'insuffisance de leurs moyens, que l'agriculture restait stationnaire, s'appauvrissait dans leurs mains, et qu'à la grande culture, à la grande propriété seules appartenaient les améliorations pratiques que la science indique. N'y aurait-il pas défaut de prévoyance à livrer la colonisation de l'Algérie, d'un pays à peu près inconnu, à l'impuissance d'un système qui ne peut se soutenir, même avec toutes les ressources d'une civilisation faite? Les grands travaux agricoles ne se présentent-ils pas au début? Là, ce sont des produits nouveaux qu'il faut acclimater et créer; ailleurs, c'est une culture longtemps sacrifiée par la barbarie, qu'il faut retrouver et refaire; partout, c'est l'occasion des premiers sacrifices que le temps seul peut payer : ainsi l'olivier, le mûrier, l'oranger, bien que particulièrement propres à l'Algérie, demandent un temps assez long, dix à quinze ans, pour produire leurs fruits; l'indigo, la garance, le cotonnier, qui peuvent facilement s'y acclimater, réclament d'assez forts capitaux pour être exploités sur une grande échelle. L'industrie privée pourra-t-elle attendre? Cette culture ne sera-t-elle point compromise en ses mains et la colonisation ne sera-t-elle point encore ajournée. Notre expérience est faite sur ce point. Que l'association, au contraire, avec ses bras nombreux et dirigés vers un but unique, pouvant ménager son temps et distribuer ses forces, s'empare du terrain ; et ce qui n'aurait été qu'éphémère pour quelques-uns, deviendra avec elle, comme tout ce qui est fait en vue d'un intérêt collectif, une œuvre de production et d'avenir.

Forêts.

Le rétablissement des forêts, que la barbarie a en partie détruites en Afrique, doit particulièrement attirer l'attention des nouveaux colons. Les bois de chauffage et de construction y sont devenus rares et coûteux, et il faut nécessairement se mettre en mesure de satisfaire plus tard à un besoin de première nécessité. Mais quel sera le propriétaire qui voudra livrer des bras et des capitaux à la plantation de bois de forêts entières, qui ne peuvent donner leurs fruits qu'après un enfantement séculaire ? c'est un grand travail que l'association seule peut entreprendre. Elle pourra supporter les sacrifices qu'elle fera ici ; puisque, comme tous les grands corps sociaux, c'est l'avenir qu'elle se propose, et qu'elle travaille moins pour les hommes que pour la durée de son institution. Nous croyons utile de signaler, en passant, l'erreur de ceux qui ont songé à trouver nos approvisionnements de bois dans les marchés que nous pourrions faire avec les Kabyles, qui saisiraient les moyens de tirer ainsi parti des forêts qu'ils habitent ; il nous semble qu'il y aurait là défaut de prévoyance. On sait que les coupes de bois, pour donner un revenu continu, doivent être sagement aménagées. Croit-on que les Kabyles voulussent adopter cette prudente distribution ? Il est évident, au contraire, qu'ils livreraient leurs forêts à un véritable pillage pour réaliser le plus tôt possible les bénéfices que nos marchés leur auraient laissé entrevoir. De sorte que, si nous venons un jour à les soumettre, nous ne trouverons après eux qu'un pays dévasté et nu, que le temps seul pourrait repeupler. Il nous semblerait plus sage de ne traiter avec eux qu'après les avoir attirés à nous et après avoir essayé sur eux une conquête morale, qui serait d'autant plus possible que l'association se rapproche des habitudes de la tribu.

Irrigation.

On sait que la rareté des sources d'eau, en Algérie, est une des principales difficultés que l'agriculture y rencontre : de là, la nécessité de mettre une grande prévoyance dans la distribution des eaux et dans l'établissement d'un système d'irrigation, dont le plus grand nombre aura sa part. Sur ce point encore, l'exploitation particulière serait un obstacle à la prospérité générale de la colonie. Chaque propriétaire chercherait à détourner et à réunir à son profit les filets d'eau qu'il pourrait rencontrer, et la lenteur des décisions judiciaires, que le litige appellerait entre voisins, interromprait le développement progressif de la culture, que rien ne devrait contrarier, surtout à son début. Une communauté de travailleurs proportionnellement intéressés au succès de l'association apporterait au contraire, dans la distribution des eaux, une mesure qui se réglerait, non sur la fantaisie et la cupidité des individus, mais sur le véritable besoin des terres. C'est là un point qui rentre dans nos réflexions sur l'agriculture, mais que, vu son importance, nous croyons devoir particulièrement signaler.

Indigènes.

Un des plus grands obstacles que la colonisation partielle ait rencontrés jusqu'ici, c'est l'hostilité continue des indigènes, qui, par des invasions subites, viennent détruire, au moment de les recueillir, des récoltes si chèrement préparées. C'est un cas de force majeure

contre lequel elle ne pourra jamais rien ; il est inutile de le démon
trer ; la protection de l'armée ne saurait même la mettre à l'abri ,
parce qu'elle ne peut être que temporaire , et que quelque brillante
que soit une razzia , elle ne fera jamais que refouler momentanément
les populations hostiles , et ne les détruira point.

Ce n'est là qu'une promenade militaire qu'il faudrait périodiquement
recommencer ; ce sera réprimer un mal consommé, ce ne sera pas le
prévenir. Il faut donc placer la colonisation sous une protection permanente, toujours prête à la défendre ; il faut la fortifier elle-même,
de telle sorte qu'elle ne soit plus à la merci du secours ambulatoire
d'un étranger.

Position des Etablissements communaux à fonder.

Nous croyons qu'il serait indispensable de donner à nos établissements un caractère colonial et militaire, de les échelonner sur les
points les plus éloignés de nos possessions, à des distances assez rapprochées pour qu'ils pussent se secourir mutuellement et fermer la
retraite aux Arabes qui seraient parvenus à pénétrer dans l'intérieur.
Ce serait ainsi établir autour de nous un véritable mur d'enceinte,
sans cesse protégé par les groupes nombreux qui les habiteraient.
Quant aux indigènes qui se trouveraient compris dans nos possessions,
ils cesseraient d'être hostiles, du moment qu'ils voudraient accepter
les bienfaits de la civilisation et faire partie de nos communautés de
travailleurs. S'ils s'isolaient, au contraire, dans leurs coutumes, et
prenaient ainsi une attitude menaçante, ils ne pourraient devenir
dangereux qu'en cherchant des secours au dehors, et nos établissements se trouveraient sur les frontières pour les arrêter encore. On
pourvoirait facilement, d'ailleurs, à la sécurité de l'intérieur au
moyen de bonnes voies de communication, reliant Alger aux points
principaux, et bordés de distance en distance, dans leur parcours, de
nouveaux établissements et de routes, et les indigènes seraient con-
quis, ne fût-ce que par impuissance, à la civilisation qui les attend.

Nous osons le dire, sans crainte de calomnier, puisque des hommes désintéressés l'ont dit avant nous : le plus grand obstacle à la conquête et à la pacification de l'Algérie a tenu bien moins à l'hostilité des indigènes qu'à l'avidité des colons et à l'intempérance de leurs mœurs. Comme dans les commencements de toute colonisation, celle de l'Algérie ne s'est guère recrutée, à quelques exceptions près, que parmi ces hommes que la société menace et qui la fuient. Loin de tout contrôle, en dehors de toute autorité, ils imposent comme un droit de conquête leur ambition et leur brutalité au pays qu'on leur livre. Ce n'est point là le moindre des maux attachés à la colonisation individuelle, et c'est aussi un des plus grands bienfaits de l'association d'en garantir les contrées que la civilisation réclame. Avec elle, l'homme retrouvera une société et une loi qu'il acceptera comme une protection pour ses intérêts les plus chers, la religion, la propriété, la famille. Sous le point de vue matériel, aussi bien que sous celui de l'ordre et de la civilisation, la colonisation de l'Algérie ne nous parait donc pouvoir être confiée qu'à une large association, embrassant le pays dans son entier, sans rien laisser exposer à son action continue. Elle seule peut suffire, par la multiplicité de ses ressources, à ces grandes entreprises, que des générations accomplissent sans s'épuiser et qu'elles préparent comme un magnifique héritage pour l'avenir ; elle seule peut, en protégeant les intérêts privés, les réunir autour d'elle, et entreprendre cette lutte sociale de peuple à peuple, de fanatisme à religion, dont la civilisation sera le prix.

BASES ORGANIQUES

DE LA

COLONISATION DE L'ALGÉRIE,

SOUS LE RÉGIME D'UNE COMMUNAUTÉ GÉNÉRALE D'INTÉRÊTS.

Nous ne présentons ici que des bases générales d'organisation ; si notre plan était jugé digne d'être mis en pratique, nous présenterions des explications, des moyens d'application plus détaillés.

ARTICLE PREMIER.

Titre.

Il sera fondé en France une Compagnie sous le titre de *Communauté générale des intérêts agricoles, industriels et fonciers de l'Algérie.*

La Compagnie se composera des fondateurs et de tous les membres actifs de la Communauté : Prêtres, Conseillers, Directeurs, Médecins, Professeurs, Travailleurs, Cultivateurs, Industriels, Commerçants, etc.

ARTICLE 2.

But.

Le but de la Compagnie est de créer des établissements agricoles industriels et de commerce dans l'Algérie, et de confondre les intérêts de tous ses membres, quelles que soient les distances qui les séparent, le genre et la nature des propriétés ou des industries qu'ils exploitent. En conséquence, la Compagnie fondera en Algérie, dans les localités les plus convenables, des Communautés soit agricoles, soit industrielles, soit l'une et l'autre tout à la fois.

ARTICLE 3.

Respect des coutumes.

Chaque Communauté pourra être composée indistinctement de Français et d'Européens de toutes races, d'Arabes, d'Africains, d'Indiens ou d'Américains; elle pourra aussi ne se composer que d'individus de la même nation.

Que les Communautés soient composées de Français, d'Arabes, de Mahométans ou d'étrangers, lorsqu'elles se conformeront aux réglements de police locale, aussi long-temps qu'elles respecteront les lois françaises et suivront les règles de comptabilité de la Compagnie, elles pourront, avec l'approbation du Gouvernement, se régir d'après leurs coutumes civiles et religieuses.

ARTICLE 4.

Mandat de la Compagnie.

La Compagnie sera le moteur dirigeant et donnant l'impulsion à toutes les Communautés particulières ; ce sera en même temps le point où viendront se réunir les intérêts de tous qu'elle sera chargée de surveiller. Elle connaîtra journellement , par des comités provinciaux, la situation de toutes les Communautés.

Elle recevra mensuellement leurs comptes généraux, établissant le produit net de chacune d'elles ; annuellement , elle établira la part individuelle et proportionnelle du produit net revenant à chaque membre de toutes les Communautés.

Chaque Communauté aura le droit de déléguer auprès du Conseil général un de ses membres, pour prendre annuellement connaissance des comptes généraux. Le gouvernement nommera des commissaires dans le même but.

ARTICLE 5.

Direction.

Le siége de la Compagnie sera à Paris ; la Compagnie sera dirigée par un Conseil général composé de   membres , au plus ; ce Conseil sera présidé par telle personne qu'il plaira au Roi de nommer.

Les membres du Conseil général seront tous nommés directement par le Roi. Ils ne pourront être révoqués que par décision du Conseil général ; cette décision ne pourra être prise que par tous les membres réunis en Conseil extraordinaire et à la pluralité des voix ; cette révocation devra être motivée.

Le Conseil général tiendra ses séances au siége de la Société ; il pourra déléguer un ou plusieurs conseillers dans les Communautés.

ARTICLE 6.

Administration en France.

La Compagnie sera administrée par des Comités de direction ; à

Paris, par un Comité de direction centrale composé de conseillers généraux, et constitué à cet effet par le Roi.

Ce Comité sera chargé de l'administration générale.

Tous les actes de l'administration seront signés par le Président du Conseil, et suivis en son nom par le Comité de direction centrale.

Un agent général sera chargé de faire exécuter les ordres et les décisions de ce Comité.

Cet agent sera nommé par le Roi.

ARTICLE 7.

Administration en Algérie.

A mesure que les opérations de la Compagnie prendront du développement, des Comités de direction provinciale seront établis dans chaque province de l'Algérie.

Ces Comités prendront le titre de Comités de direction provinciale.

Il en sera de même pour les Communautés ; à mesure que leur importance et que leur nombre augmenteront, on nommera des Comités chargés de les administrer ; ces Comités auront le titre de Comités communaux.

Les Comités provinciaux seront sous les ordres et sous la surveillance immédiate du Comité central.

Les Comités communaux établis dans la même province seront indépendants les uns des autres, et seront sous les ordres et sous la surveillance immédiate du Comité provincial de la province où ils seront établis.

Le Comité provincial recevra du Comité central les résolutions du Conseil ; il les fera exécuter en ce qui les concernera, et les adressera au Comité communal, qui en surveillera l'exécution de la part de ses administrés. Lorsqu'il s'agira de faire connaître au Conseil général ce qui aura trait aux opérations des Communautés ou des divers Comités, le rapport en sera fait du Comité communal au Comité central; ce dernier, lorsqu'il y aura lieu, le soumettra au Conseil général.

Il y aura dans chaque Comité un agent chargé de faire exécuter les résolutions.

Cet agent devra posséder des connaissances générales en agronomie et en industrie; il devra en même temps être bon administrateur.

ARTICLE 8.

Nomination des Membres des Comités.

Les membres du comité provincial seront nommés directement par le Conseil général; ceux du comité communal seront aussi nommés par le Conseil général, sur la proposition du comité provincial sous la direction duquel ils se trouveront.

ARTICLE 9.

Nomination des Agents.

Les agents de ces divers comités seront nommés par le Conseil général, sur la proposition des comités auxquels ils appartiendront.

ARTICLE 10.

Administration provinciale et communale.

Il sera mis à la disposition de chaque comité les éléments nécessaires à toute bonne administraiion.

Chaque comité, après approbation de son budget par le Conseil général, nommera ses employés; ces nominations devront être ratifiées par le Conseil général; jusque-là elles ne seront que provisoires.

ARTICLE 11.

Révocation.

Aucune révocation ne peut avoir lieu que dans des cas prévus, et par jugement rendu par un jury choisi parmi les membres de l'administration.

Ce jury, nommé par le Roi, devra motiver son jugement, qui ne recevra son entier effet que par l'approbation du Conseil général.

ARTICLE 12.

Des Communautés.

Les Communautés se composent de toutes les personnes réunissant leur intelligence et leurs efforts dans le but d'exploiter en Algérie, d'accord avec la Compagnie et sous ses auspices, soit des terres, soit des forêts, soit des mines, soit la pêche, soit le commerce, soit plusieurs ou toutes ces opérations réunies.

Toutes les personnes, en Europe, qui s'engageront à faire partie de la Communauté, seront conduites en Algérie aux frais de la Compagnie.

ARTICLE 13.

Organisation industrielle.

Autant que possible, chaque Communauté devra comprendre toutes les professions nécessaires à son exploitation : dans tous les cas une Communauté ne pourra se composer de moins de cent personnes.

Nulle industrie ne pourra être exploitée, par l'une ou l'autre des Communautés, sans une décision expresse du Conseil général.

ARTICLE 14.

Suppression d'Ateliers ou de Communautés.

Le Conseil-Général pourra suspendre les travaux d'un Atelier ou d'une Communauté dont les bénéfices n'équivaudront pas au moins à 4 pour cent du capital employé pour cet Atelier ou cette Communauté.

Les membres d'un Atelier ou d'une Communauté, dont l'industrie aura été supprimée, pourront se livrer à d'autres travaux, ou seront incorporés dans d'autres Communautés.

ARTICLE 15.

Direction des Travaux.

Chaque Communauté se divisera par Ateliers.

Chaque Atelier sera subdivisé par Profession ou Métiers.

La direction d'une ou de plusieurs Communautés, suivant leur importance, sera confiée à un directeur de Communauté ayant les connaissances relatives à l'industrie de la Communauté dont il aura la direction ; il devra en même temps posséder les connaissances administratives suffisantes pour diriger la Communauté, qui se composera suivant son importance :

D'un ou plusieurs contre-maîtres, d'un ou plusieurs agents comptables, d'un ou plusieurs chefs d'ateliers, d'un ou plusieurs commis d'ordre, des ouvriers de première classe, des ouvriers de deuxième classe, ayant chacun un ou plusieurs manœuvres, et un ou plusieurs apprentis sous leur direction.

Les Directeurs de Communautés et les agents comptables seront nommés par le Conseil-Général, sur la proposition du Comité communal.

Les chefs d'ateliers, les contre-maîtres et les commis d'ordre seront nommés par le Comité communal, sur la proposition du Directeur de la Communauté.

Les ouvriers de première et de deuxième classe seront nommés par le Directeur sur la proposition du chef d'atelier.

Les engagements d'ouvriers, d'apprentis et de manœuvres devront être signés par le Directeur et l'Agent-Comptable, et approuvés par le Comité communal.

Les nominations

        de chefs d'Ateliers,

        de contre-maîtres,

        d'ouvriers,

ainsi que les engagements devront être ratifiées par le Conseil-Général; jusqu'à l'accomplissement de cette formalité, ces différents actes ne seront que provisoires.

ARTICLE 16.

Discipline.

Les peines disciplinaires d'administration intérieure ne pourront être appliquées à un membre de la Communauté qne par un tribunal de prud'hommes institué à cet effet, et sur la proposition de son chef immédiat. Ces Prud'hommes seront choisis dans le sein de la Communauté, et seront nommés par le Comité communal, sur la proposition du Directeur de la Communauté, le chef d'atelier entendu.

ARTICLE 17.

Administration intérieure.

L'administration intérieure de chaque Communauté appartiendra à son Directeur et aux employés sous ses ordres.

Une fois le genre de travail décidé par le Conseil-Général, et son importance arrêtée par le Comité communal, la direction de ces travaux appartiendra seule, et d'une manière absolue, au Directeur de la Communauté, leur exécution à ses subordonnés, qui ne devront connaître que ses ordres, et ainsi des premiers jusqu'aux derniers.

Le Comité ne conservera d'autres droits sur la Communauté que celui de surveillance et de contrôle. Chacun, dans la Communauté, ne sera responsable de ses actes qu'envers son supérieur immédiat, dont il devra exécuter les ordres, et cela depuis le manœuvre jusqu'au Directeur, qui, à son tour, sera responsable de l'exécution des ordres qui lui seront transmis par le Comité communal.

Il y aura dans chaque atelier un ou plusieurs commis d'ordre. Ces commis d'ordre rempliront un double emploi : ils seront piqueurs des ouvriers et les surveilleront ; ils tiendront en même temps les comptes des ouvriers, et, à cet effet, une feuille journalière sera tenue par eux ; cette feuille constatera :

1° Le temps consacré au travail par chaque travailleur ;

2° Le genre de travail fait par chacun ;

3° L'importance du travail fait par chacun ;

4° Le prix, soit à la journée, soit à la tâche due à chacun ;

5° Combien chacun aura délivré de produits ;

6° L'importance des produits délivrés par l'atelier.

Cette feuille ou cet état devra être tenu en double.

Afin d'éviter les erreurs et les fraudes, cette feuille sera signée à l'arrivée et au départ par chaque membre de l'atelier ; tous ayant un intérêt dans les produits nets de la Communauté, auront le droit d'examiner et de contrôler cette feuille.

Cette feuille, après avoir été visée par le contre-maître, sera remise à l'agent comptable. Chacun des membres de la Communauté sera possesseur d'un livret où son compte sera établi d'après ces mêmes feuilles journalières ; ce compte sera tenu, comme il est dit plus haut, par le commis d'ordre, qui l'arrêtera mensuellement.

Chaque porteur de livret devra reconnaître et opprouver son compte.

Chaque mois ce livret sera remis à l'agent comptable, qui le fera émarger en soldant le compte ; les produits de tous les ateliers seront remis, à mesure de la récolte ou de la production au magasin de la direction communale, par les soins de l'agent comptable.

L'Agent comptable dressera un état mensuel qu'il signera et fera contresigner par le chef d'Atelier, et approuver par le Directeur de la Communauté.

Cet état mensuel contiendra le compte de chaque ouvrier, contre-maître, chef d'atelier, etc. , etc. , ainsi que l'importance des produits obtenus dans le mois, et de ceux délivrés au magasin de la direction communale.

Cet état sera remis en double au Comité communal, avec les feuilles journalières de l'atelier, et les duplicata des reçus du magasin de la direction communale à l'appui.

Cet état, reconnu exact par le Comité communal, sera ordonnancé, et les fonds nécessaires pour solder les comptes de la Communauté seront délivrés à l'agent comptable, qui paiera chacun en faisant émarger la feuille de paie ainsi que le livret.

Chaque mois les Comités communaux adresseront en double expédition aux Comités provinciaux l'état de situation des Communautés sous leur direction, les pièces à l'appui seront jointes à cet état.

Un état général en sera dressé par le Comité provincial, qui l'adressera, ainsi que toutes les pièces à l'appui, au Comité central.

Chaque année le Conseil-Général se réunira en permanence, à l'effet d'arrêter définitivement les comptes; il recevra les délégués des Comités provinciaux, des Comités communaux et des Communautés; ces délégués seront appelés auprès du Conseil-Général pour lui donner tous les renseignements qu'il croira nécessaire d'obtenir d'eux, et seront en même temps chargés d'arrêter les comptes généraux, d'accord avec le comité central, et de les approuver avant que ces comptes soient soumis à l'approbation du Conseil-Général.

ARTICLE 18.

Placement des Produits.

Les produits obtenus, leur existence constatée, l'emploi en sera fait pour le mieux des intérêts de la Communauté générale, soit par les soins du Comité communal, ou par ceux du Conseil provincial, ou par une Communauté commerciale.

Jamais une Communauté productrice ne pourra employer directement ses propres produits.

Si ces produits sont nécessaires aux membres de cette Communauté, ceux-ci seront tenus de les racheter du magasin de la direction communale.

N. B. Il est iuutile de donner ici le mode de comptabilité des magasiniers; une fois le produit bien constaté, chacun comprend qu'il s'agit de justifier de leur emploi; cela rentre dans la comptabilité ordinaire, et peut se faire par un mode excessivement simple et sous la garantie d'un triple contrôle de la Communauté et des Comités; c'est un objet de détail qui rentre dans la rédaction générale des Statuts. Il en sera de même du mode de réalisation des produits, mode qui, du reste, ne peut être réglé que par l'expérience, par la nature des produits, et surtout suivant les localités d'où ils seront obtenus.

ARTICLE 19.

Valeur représentative.

Des billets au porteur seront créés pour le service des Communautés; tous les membres des Communautés seront tenus de les recevoir en paiement. Tous les objets de première nécessité, pour l'usage des membres des Communautés, seront continuellement à leur disposition dans les magasins de chaque direction communale; il les obtiendront du magasinier au prix de revient, pour les objets manufacturés en France, et à un prix taxé, pour les objets provenant de la Communauté.

Les magasiniers seront tenus de recevoir les bons au porteur des Communautés en paiement de ces objets; ces mêmes bons seront reçus en paiement dans les caisses de l'Etat.

Tout porteur de ces bons qui le désirera recevra en échange, du

Comité provincial ou communal, des traites à cinq jours de vue sur la caisse de la Compagnie, à Paris.

ARTICLE 20.

Des Membres de la Communauté.

Seront membres de la Communauté générale, toutes les personnes ayant contracté un engagement de trois ans avec la Compagnie ou avec l'une des Communautés particulières faisant partie de la Communauté générale, ainsi que celles qui, sans engagement, seront employées par la Communauté générale ou par les Communautés indiquées ci-dessus, quels que soient l'âge, le sexe et le rang, comme nous l'avons dlt article 1er : prêtres, conseillers, agents, employé de tous grades, médecins, professeurs, ouvriers de toutes classes, apprentis, cultivateurs, industriels, commerçants, etc., ainsi que les femmes qui seront employées par chaque Communauté ; enfin, tous ceux qui recevront directement de la Communauté générale ou des Communautés particulières un salaire ou des appointements ; aussi longtemps qu'ils recevront ce salaire ou ces appointements, ils auront droit aux avantages stipulés ci-après, en se conformant aux obligations qui leur seront imposées.

ARTICLE 21.

Obligations des Membres de la Communauté.

Il n'y a de Communauté que pour le travail de l'exploitation communale ; suivant les localités et le genre de travail auquel il sera employé, chaque membre de la Communauté lui devra un certain nombre d'heures de travail par jour, ou l'accomplissement d'une tâche à convenir ; hors de là, chacun sera libre de disposer du temps qui lui restera et de vivre selon sa convenance.

Tout membre de la Communauté qui aura rempli ses engagements pourra cesser d'en faire partie lorsqu'il le jugera convenable.

Tous les membres de la Communauté, sans exception, seront soumis à un réglement disciplinaire rappelé dans leur engagement et sur leur livret. L'application de ce réglement sera prononcée par un jury ou par un tribunal de prud'hommes choisis par tous les membres de la Communauté, et constitué par le Roi.

ARTICLE 22.

Admission aux Emplois dans la Communauté.

Trois ans après la fondation de la Communauté, nul ne pourra être admis à y remplir un emploi, s'il n'en fait déjà partie, au moins à titre de commis d'ordre, d'expéditionnaire ou d'ouvrier.

Cette exclusion n'est pas applicable aux officiers de l'armée d'Afrique, aux membres du Clergé, aux médecins et chirurgiens, ni aux professeurs, qui seront admis aux emplois relatifs à leur spécialité ; cependant, à mérite égal, la préférence sera accordée aux membres de la Communauté ou à ceux de leurs fils qui le réclameraient.

ARTICLE 23.

Des Enfants des Membres de la Communauté.

Les enfants des membres de la Communauté auront le droit d'en faire partie, aussitôt qu'ils seront en état de lui rendre des services. Ils y seront admis à l'exclusion de tous autres.

La Communauté récompensant personnellement les services, le grade d'un membre de la Communauté ne donnera aucun droit à l'occupation d'un emploi par ses fils.

ARTICLE 24.

Jury d'Examen.

Nul ne sera admis à exercer un emploi dans la Communauté, s'il ne justifie de son aptitude à le remplir. A cet effet, un jury nommé par le Roi et choisi par les membres de la Communauté, sera constitué pour examiner et interroger chaque candidat, afin de s'assurer qu'il possède les connaissances requises pour remplir l'emploi auquel il se destine.

Dans le cas où plusieurs titulaires se présenteraient pour le même emploi, à mérite égal, la préférence sera accordée au plus ancien; mais, dans tous les cas, elle sera donnée au plus capable.

ARTICLE 25.

Droits des Membres de la Communauté.

Tous les membres de la Communauté, suivant leurs grades et leurs attributions, auront droit à des appointements ou à un salaire journalier.

Toutes les Communautés auront un magasin où tous les membres de la Communauté pourront se procurer, au prix coûtant, tous les objets de première nécessité.

Sur les produits des exploitations des diveres Communautés, et principalement sur les exploitations des forêts et des mines, aussitôt que ces exploitations le permettront, il sera prélevé, avant tout, les fonds nécessaires pour assurer :

1° Le service des écoles, où les enfants de tous les membres de la Communauté, avec le consentement des parents, recevront, sans frais, une instruction en rapport avec leur aptitude et leurs capacités;

2° Le service de santé, créé pour soigner, en cas de maladie, et sàns frais, tous les membres de la Communauté, ainsi que leurs femmes et leurs enfants ;

3° Le service des pensions, qui sera créé en faveur de tous les membres de la Communauté ayant atteint l'âge de 50 ans, et ayant donné un service consécutif de 25 ans à la Communauté, ainsi que par le service de pensions des veuves ;

4° Pour la fondation des établissements où seront élevés les orphelins;

5° Pour assurer les frais de transport des membres de la Communauté : aussi bien le transport de ceux venant d'Europe, que le transport de ceux qui, après l'expiration de leur congé, voudront y retourner ;

6° Enfin, pour assurer les frais des cultes.

ARTICLE 26.

Cultes.

Les membres de Communauté ne paieront aucun frais pour les cérémonies religieuses; ces frais seront réglés entre les ministres des autels et l'Administration supérieure de la Compagnie.

L'entretien des églises et des ministres des autels sera entièrement supporté par la Communauté.

ARTICLE 27.

Concessions gratuites de terres.

En outre, les personnes qui, dans le cours des trois premières années de la fondation de la Compagnie, y seront entrées et se seront mariées, auront droit, après huit années consécutives de service, à choisir parmi les terres non-occupées de l'Algérie, et dans un rayon de   des terres de la Communauté :

Le manœuvre..........................	hectares.
L'ouvrier de 2ᵉ classe..................	—
L'ouvrier de 1ʳᵉ classe.................	—
Le commis d'ordre.....................	—
Le contre-maître.....................	—
L'agent comptable....................	—
Le chef d'atelier.....................	—
Le directeur de Communauté...........	—
L'agent communal....................	—
L'agent provincial....................	—
Le directeur provincial................	—
L'agent général......................	—
Le Conseiller........................	—

Chaque action de fondation aura également droit à
hectares de terres.

A la naissance de chaque enfant issu de mariage, les parts ci-dessus seront augmentées :

Pour les manœuvres, les ouvriers et les commis d'ordre , chacun
de   hectares.

Les contre-maîtres, agents-comptables et chefs d'ateliers, chacun
de   hectares.

Les directeurs de communauté, agents et directeurs communaux,
chacun de   hectares.

. Toutes ces terres seront affranchies d'impôts pendant
années à partir du jour de la prise en possession.

Les membres de la Communauté ont en outre droit, après délibé-
ration faite de tous les frais d'établissement et d'exploitation, au partage proportionnel de la part du produit net des exploitations de la
Communauté, ainsi que cette part est indiquée ci-après, art. 35.

ARTICLE 28.

Répartition.

Les comptes sont arrêtés par le Comité central ; d'accord avec les délégués des Communautés et des Comités, et après approbation du Conseil général, la répartition de la part du produit net leur revenant sera faite entre tous les membres de la Communauté.

Cette répartition se fera au marc le franc des appointements ou du salaire touché respectivement par chacun d'eux pendant le courant de l'année écoulée.

La répartition aura lieu à partir du 1er juillet de chaque année ; elle se fera par les agents comptables, et sous la surveillance du Comité communal. La balance générale de la Communauté, indiquant la part proportionnelle revenant aux membres de la Communauté, sera annuellement imprimée et affichée, quinze jours avant la répartition générale, dans tous les ateliers et dans les bureaux de la Communauté.

ARTICLE 29.

Caisse d'Épargne.

Sur cette répartition il sera fait une retenue de 4/10es du montant de la part revenant à chacun.

Cette retenue sera déposée dans une Caisse d'épargne, au compte de chaque membre de la Communauté, et portera intérêt à 5 %; elle cessera toutes les fois que les sommes déposées représenteront un capital à quatre années des journées ou des appointements du titulaire.

Le titulaire pourra prélever sur ce qu'il aura versé à la Caisse d'épargne :

    1° En cas de mariage...................... 20 %
    5° A la naissance de chaque enfant.......... 10 %
    3° En cas de maladie...................... 5 %
    4° En cas de deuil....................... 5 %

Celui qui cessera de faire partie de la Communauté aura le droit de retirer les fonds qu'il aura déposés à la Caisse d'épargne ; le remboursement lui en sera fait dans les deux ans qui suivront sa demande.

ARTICLE 30.

Armée. — Garde communale.

Les officiers, sous-officiers et soldats de l'armée d'Afrique seront engagés à faire partie de la Communauté.

Des gardes communales seront organisées en corps sédentaires et en corps actifs.

Les gardes sédentaires se composeront de tous les membres de la Communauté exempts du service militaire, ayant moins de cinquante-cinq ans.

Les gardes actives seront composées de tous les militaires qui prendront l'engagement d'entrer dans la Communauté à l'expiration de leur service. Ce dernier corps sera porté sur les cadres de l'armee active, et ne cessera pas d'en faire partie.

Toute la garde communale sera sous les ordres du Gouverneur-général de l'Algérie.

Les parents des gardes communaux seront admis à faire partie de la Communauté, de préférence à tous autres.

Le garde actif d'une bonne conduite obtiendra la permission de se marier.

ARTICLE 31.

Officiers de la Garde communale.

Les officiers de la garde sédentaire seront nommés par le Roi, choisis de préférence parmi les chefs industriels de la Communauté, et, autant que possible, classés d'après leur rang dans l'atelier ou dans l'administration.

Le chef de Communauté et de division.... Colonel.

Le chef d'atelier et l'inspecteur......... Major.

L'agent comptable et le contrôleur.... .. Major.

Le contre-maître et le chef de bureau.... Capitaine.

Parmi les ouvriers ou commis de 1re classe. { On choisira les lieutenants et les sous-lieutenants.

Le commis d'ordre.................... Sergent-major.

Les sergents, les fourriers et les caporaux seront choisis parmi les ouvriers et les commis de 2e classe, ainsi que parmi les apprentis et les expéditionnaires.

Pour la première organisation, autant que possible, les communautés seront en partie créées par des officiers ayant des connaissances agronomiques ; ces officiers continueront à compter sur les cadres de l'armée et y conserveront leur droit d'ancienneté.

Les officiers de la garde active seront choisis de préférence parmi ceux qui auront des connaissances en agriculture et en industrie agronomique, et principalement parmi les officiers du génie qui consentiront à entrer dans la Communauté.

ARTICLE 32.

Du Service des troupes communales.

Les gardes communales, aussi bien la garde sédentaire que la garde active, pour le service militaire, seront à la disposition de l'état-major de l'armée et sous les ordres du gouverneur-général de l'Algérie. Tout garde sédentaire de service sera soumis à la discipline militaire dans toute sa sévérité.

La garde des établissements de la communauté sera confiée à la garde communale.

Le service extérieur sera fait par la garde active, le service intérieur par la garde sédentaire : ce service devra être réparti de telle sorte qu'il n'interrompe point les travaux agricoles ou autres de la communauté ; les hommes de service pour la garde de la Communauté auront droit à la même paie que lorsqu'ils seront employés aux travaux de la communauté.

La garde active, lorsque le service l'exigera, sera appelée à tenir la campagne, conjointement avec tous les autres corps de l'armée ; dans ce cas, les établissements de la communauté seront entièrement confiés à la garde sédentaire, et le service extérieur sera fait par les garçons et par les hommes mariés sans enfants.

Du jour de leur entrée dans la garde communale active, tous les militaires, officiers, sous-officiers et soldats, seront considérés comme membres de la Communauté, et, en cette qualité, jouiront des priviléges attachés à ce titre.

Leur rang d'ancienneté, pour avoir droit à la pension et pour devenir propriétaires, prendra date de leur entrée dans ce corps.

Tous les gardes actifs devront à la communauté un certain nombre d'heures de travail par jour, en dehors du temps qu'ils devront consacrer au service militaire ; en conséquence, ils auront droit à un salaire proportionné aux services qu'ils rendront à la Communauté.

ARTICLE 33.

Emploi des Militaires par la Communauté.

Lorsque le service militaire permettra à des gardes actifs ou à d'autres militaires de l'armée de se consacrer entièrement, comme les membres de la communauté, aux travaux de celle-ci, ils pourront être détachés, sans solde, dans les ateliers agricoles ou autres, et seront placés sur le même pied que les membres ordinaires de la Communauté.

Il en sera de même de tous les officiers ou sous-officiers de l'armée qui pourront, sans nuire au service militaire, remplir un emploi dans les bureaux ou dans les ateliers de la communauté.

Aussitôt que le service l'exigera, sur l'ordre de leur chef, tous ces militaires abandonneront les travaux de la communauté, pour rejoindre leurs corps respectifs. Dès-lors, tout en étant maintenus sur les cadres de la Communauté, et en conservant les droits acquis aux membres de la Communauté, ils perdront leur salaire ou traitement dans la Communauté aussi longtemps que durera leur service militaire.

Tous les militaires qui auront été employés par la Communauté auront droit, comme les membres de celle-ci, au partage des produits nets, dans la proportion de ce qu'ils auront gagné dans l'année, que ce soient des gardes communaux ou des militaires détachés des autres corps.

ARTICLE 34.

Répartition Militaire.

Ce qui reviendra de ce chef aux militaires sera réparti entre eux de la manière suivante : une moitié sera déposée à la caisse de leur corps ou à la caisse d'épargne, pour leur être comptée lorsqu'ils quitteront le service militaire ; ce dépôt leur rapportera intérêt à 5 pour 100, l'autre moitié leur sera comptée à l'époque où la répartition annuelle de la communauté sera faite.

ARTICLE 35.

Des Produits nets.

Après paiement de tous les frais de premier établissement, d'ateliers, de bureaux, d'administration et autres, ce qui restera du montant des ventes, des produits des diverses communautés, formera le bénéfice général de la compagnie. Ce bénéfice sera employé de la manière suivante :

15 pour 100 serviront à former un fonds de réserve pour être employé au développement des établissements de la compagnie, ou pour en créer de nouveaux.

15 pour 100 serviront à amortir le capital employé pour la fonda-

tion de la compagnie ; lorsque ce capital sera entièrement amorti, les 15 pour 100 destinés à cet amortissement seront ajoutés au fonds de réserve ci-dessus indiqué, et destinés à l'extension et à la création de nouveaux établissements, ce qui portera cette réserve à 30 pour 100.

15 pour 100 appartiendront aux fondateurs, lesquels seront représentés par   actions de fondation ; ces 15 pour 100 seront partagés également entre les   actions de fondation. Ce qui restera formera le produit net ; un tiers appartiendra à l'Etat et sera compté annuellement au trésor, à titre d'impôt et pour les concessions faites à la communauté ; les deux tiers restant seront partagés, comme il est dit ci-dessus, entre tous les membres de la communauté, au marc le franc de leurs appointements ou de leur salaire respectif.

ARTICLE 36.

Établissements de la communauté.

Les premières communautés seront placées sous la protection de l'armée d'Afrique, dans les établissements créés par l'Etat et lui appartenant. On choisira pour établir les membres de la communauté, arrivant d'Europe, les établissements placés dans les localités les plus salubres et sur des points assez élevés pour les mettre à l'abri de l'insalubrité des plaines.

AÉTICLE 37.

Des Établissements à créer.

A mesure que les opérations de la Communauté générale prendront du développement, de nouveaux établissements seront créés par elle.

Les travaux seront faits aux frais de la communauté, par la garde communale active, par les membres de la communauté, et, toutes les fois que le service militaire n'en souffrira pas, par les soldats des autres corps de l'armée.

Ces établissements seront créés de manière à établir un système régulier de défense, afin de le mettre, ainsi que le territoire de l'Algérie appartenant à la France, à l'abri des excursions des tribus hostiles, et pour protéger ou contenir celles qui se seront soumises, ou celles qui, sans être soumises, seront encore sur notre territoire, Une ligne sera tracée au point extrême du territoire français en Algérie. Les premiers établissements de la communauté seront placés sur cette ligne et tendront continuellement à se rallier entre eux, et s'assurer d'une communication facile vers Alger. En conséquence, lorsque les ressources de la communauté le permettront, on construira des fermes dans des positions qui les placeront sous la protection des établissements principaux ; elles seront construites de manière à être à l'abri des attaques des Arabes, et à des distances assez rapprochées pour secourir mutuellement au moindre signal.

Une église sera placée au centre de chaque établissement principal, les ministres des autels auront leur habitation particulière et distincte auprès de l'église, A cette habitation sera joint un jardin de hectares ; ce jardin sera cultivé aux frais de la communauté.

Des habitations particulières, aussitôt que l'on pourra en construire à l'abri des incursions des Arabes, seront mises à la disposition des membres de la communauté ; d'abord, aux plus élevés en grade, ensuite à leurs subalternes, et ainsi jusqu'aux ouvriers et manœuvres. Dans tous les cas, dans les grands établissements, chaque ménage aura son logement particulier.

ARTICLE 38.

Des travaux de la communauté.

Avant toute autre opération, la communauté générale s'occupera de l'exploitation des terres. Autant que possible, les premières exploitations auront lieu sur les versants des montagnes et sur les points assez élevés pour mettre les colons à l'abri de l'influence pernicieuse des plaines.

Les premières cultures seront celles des céréales et des fourrages.

Chaque ferme, suivant la localité et l'importance de son personnel, devra élever un certain nombre de chevaux, de bêtes à cornes et de bêtes à laine.

Chaque ferme, devra posséder une pépinière où les arbres de toutes les essences convenables au pays seront élevés jusqu'au moment où l'Algérie sera convenablement peuplée de forêts. Tous les ans on plantera sur les terres de la communauté au moins dix arbres de toutes essences par chaque membre de la communauté; la nature des arbres à planter sera réglée suivant les localités et les besoins de la communauté.

ARTICLE 39.

Irrigation.

Les travaux d'irrigation seront exécutés par les soins et aux frais de la communauté, d'après un plan dressé à cet effet, les eaux seront aménagées et distribuées d'après des réglements auxquels tous les membres de la Communauté devront se conformer.

ARTICLE 40.

Assainissement.

Aucune habitation ne pourra être établie dans une localité où l'insalubrité sera permanente.

Des habitations pourront être construites dans les localités fertiles, quoique périodiquement insalubres; quelques temps avant les époques où l'insalubrité s'y fait habituellement sentir, ces localités devront être entièrement abandonnées par ceux qui les occuperont, pour se rendre dans les établissements de la Communauté situés dans les endroits salubres.

Les travaux devront être organisés de manière que les mêmes travailleurs ne cultivent pas les lieux insalubres deux saisons de suite.

Lorsqu'un séjour de toute une saison pourrait compromettre leur santé, ils devront être relevés à des époques plus ou moins rapprochées.

Les travaux d'assainissement seront faits par la Communauté.

Ces travaux seront faits aux époques qui présenteront le moins de danger pour la santé des travailleurs.

Lorsque la proximité des établissements de la Communauté, situés dans des endroits salubres, le permettra, ceux qui se livreront aux travaux d'assainissement rentreront chaque nuit et seront journellement relevés par d'autres.

Lorsque les lieux à assainir seront trop éloignés des établissements pour que les travailleurs soient relevés chaque jour, ils devront l'être tous les deux ou quatre jours, ou au moins toutes les semaines ; encore, dans ce dernier cas, faudrait-il qu'il fût bien établi qu'un séjour aussi long sur les travaux d'assainissement ne peut nuire à la santé des travailleurs ; on ne pourra employer à ces travaux qu'un vingtième au plus des ouvriers, manœuvres ou apprentis de la Communauté, ou des militaires occupés par elle. Dans le cas où les travaux d'agriculture n'en souffriront pas, un plus grand nombre pourra être occupé aux travaux d'assainissement.

ARTICLE 41.

Des Écoles.

Dans chaque Communauté il y aura des écoles primaires où tous les enfants des membres de la Communauté seront admis sans aucune rétribution.

Il y aura des écoles de filles et des écoles de garçons.

La Communauté, aussitôt que ses ressources le permettront, fondera aussi des écoles préparatoires et des écoles pratiques ou d'application, où les élèves étudieront et pratiqueront les sciences administratives, agronomiques, industrielles et commerciales.

Les élèves des écoles préparatoires, ainsi que ceux des écoles pratiques ou d'application, seront nourris, logés et entretenus aux frais de la Communauté.

L'on ne recevra dans ces diverses écoles que les enfants des membres de la Communauté.

Pour être admis dans les écoles préparatoires, il faudra :

1° Que l'élève ait reçu dans les écoles de la Communauté l'instruction primaire complète.

2° Qu'il se soit fait distinguer par ses études et sa bonne conduite.

3° Qu'il ait au moins l'âge de   ans.

4° Après deux ans d'étude préparatoire, l'élève devra faire connaître qu'elle est la branche de l'instruction à laquelle il désire spécialement se consacrer, et dès lors ses études seront principalement dirigées vers ce but.

Pour être admis dans les écoles pratiques ou d'application, l'élève devra :

1° Avoir complété son instruction préparatoire dans la branche de l'instruction qu'il aura choisie.

2° S'être fait distinguer par ses études ainsi que par sa bonne conduite.

3° Avoir atteint l'âge de   ans.

Un concours sera ouvert tous les ans, pour l'admission des élèves dans les écoles préparatoires, ainsi que dans les écoles pratiques et d'application.

Des jurys d'examen, nommés par le roi, choisis autant que possible parmi les membres de la Communauté, seront établis pour examiner les élèves avant leur entrée dans les diverses écoles'; toutes les écoles seront placées sous la surveillance de ces jurys.

Le programme des connaissances que devra posséder chaque élève pour être admis dans les diverses écoles, et celui des études qui y seront suivies, seront publiés pour   ans, et tous les   ans.

Les professeurs devront tenir sur un registre spécial une note exacte de la conduite et des progrès que feront les élèves.

Ils devront s'attacher à étudier leurs goûts et leurs penchants, et noter au compte de chacun les observations que leur suggérera cette étude.

Ces diverses écoles procureront d'excellents employés et des chefs d'atelier à la Communauté, puisque ces derniers seront choisis parmi les élèves qui se seront le plus distingués; la Communauté y rencontrera encore des ouvriers capables parmi les élèves d'un mérite inférieur; de plus, elle aura l'avantage inappréciable de connaître les penchants de tous et de n'employer que des hommes capables, bien pénétrés des avantages de leur situation : ce seront autant de pépinières d'industriels et de cultivateurs.

ARTICLE 42.

Ecoles des Filles.

Après avoir terminé leur instruction primaire, les filles des membres de la Communauté pourront être admises dans les écoles supérieures, où, tout en continuant leurs études, elles apprendront les professions qu'elles voudront exercer par la suite, ainsi que tous les travaux du ménage; suivant leur âge, on les occupera aux différents ouvrages d'aiguille : elles soigneront les vers à soie.

Ateliers des Femmes.

Les divers travaux de femmes se feront dans des ateliers spéciaux organisés comme tous les autres ateliers de la Communauté.

Les femmes qui dirigeront ces ateliers, et celles qui y seront occupées, feront partie de la Communauté, et jouiront, aux mêmes conditions que les autres membres, des avantages attachés à ce titre.

Après examen préalable, toute jeune fille capable de rendre des services dans les ateliers y sera admise avec le consentement de ses parents.

Elle sera placée sous la surveillance des directrices; ses frais de nourriture et d'entretien seront retenus sur son salaire ou sès appointements.

Le surplus sera placé dans une caisse d'épargne, pour lui être entièrement compté en cas de mariage.

A 25 ans, si elle n'est pas mariée, elle aura le droit de retirer de la caisse d'épargne tout ce qu'elle aura gagné avant l'âge de 21 ans, le surplus devant former sa part dans la réserve, comme pour tous les autres membres de la Communauté. (Voir art. 29.)

Toute fille ayant plus de 25 ans pourra continuer à vivre en communauté avec les filles au-dessous de cet âge.

Les écoles et ateliers de femmes auront leurs réglements spéciaux.

ARTICLE 43.

Propriétés.

Les terres exploitées par la Communauté, les constructions faites par elle, ou celles qui lui auront été concédées, les établissements agricoles, industriels, commerciaux ou autres, fondés ou acquis par elle.

Les meubles, ustensiles et instruments nécessaires à l'exploitation de ces établissements, les chevaux, mulets et autres bestiaux compris, formeront une propriété indivise qui, sous aucun prétexte, ni pour aucune cause, ne pourra être vendue ni aliénée.

Cette propriété sera possédée à titre d'usufruit par la Communauté, qui devra continuellement l'augmenter et l'entretenir en bon père de famille. Quoiqu'il y ait indivision, on distinguera cependant les propriétés de l'Etat de celles de la Communauté. Les propriétés de l'Etat se composeront de toutes les terres, des constructions et des meubles concédés à titre gratuit à la Communauté, ainsi que de toutes les constructions et meubles établis ou apportés par elle sur ces terres, et servant à leur exploitation ou à l'exploitation des établissements industriels ou autres qui y seront placés.

Les propriétés de la Communauté se composeront de toutes les terres et constructions acquises par elle, ainsi que de toutes les autres constructions et des meubles qu'elle aura établis ou apportés sur ses terres, ou de ceux servant à leur exploitation ou à l'exploitation des établissements industriels ou autres placés sur ses terres.

ARTICLE 44.

Moyens d'exécution.

Dès l'instant que la Communauté sera constituée, l'Etat ne fera plus de nouvelles concessions de terres en Algérie, et mettra à la disposition de la Communauté, à mesure qu'elle pourra les exploiter, celles de ces terres qui ne seront pas réclamées pour le service civil et militaire.

Toutes les concessions faites jusqu'à ce jour, et contenant des clauses résolutoires qui n'auront pas été exécutées, seront annulées.

Les terres qui seront données ou concédées aux membres de la Communauté, à titre de récompense, seront prises sur les terres non occupées de l'Algérie parmi celles appartenant à l'Etat.

Les établissements appartenant à l'Etat qui ne seront pas occupés pour le service militaire, et qui pourront être défendus par la Communauté, seront mis à sa disposition à mesure que le développement de son personnel lui permettra de les occuper et de cultiver les terres environnantes.

Toutes les terres de l'Algérie qui, dans un temps fixé, ne seront pas mises en culture régulière, seront placées sous le séquestre pour être exploitées par la Communanté et deviendront sa propriété, à la condition par elle de suporter les charges dont ces propriétés seront grevées, ou de payer chaque année au propriétaire une redevance annuelle; cette redevance ne sera due qu'à partir du jour où ces terres seront livrées à la culture.

Les paiements de ces redevances seront faits à celui qui justifiera légalement de ses droits de propriété, autrement le montant de cette redevance, sera déposé chaque année à la caisse des consignations, jusqu'au moment où le droit de propriété sera bien établi. Si le véritable propriétaire ne se présente pas, les fonds déposés retourneront à la Communauté après   ans de la date du premier dépôt, et dès lors ces propriétés deviendront les propriétés de l'Etat, pour entrer dans la propriété indivise de la Communauté.

L'importance de la redevance à payer sera fixée par l'ordonnance de mise en séquestre.

La communauté pourra racheter cette redevance en remboursant le capital au denier.

Les fonds nécessaires à la fondation des premiers établissements, ainsi qu'aux frais réclamés pour leur mise en exécution, seront avancés par l'Etat.

Ces fonds seront portés au débit de la Communauté, et porteront, au profit de l'Etat, un intérêt de 4 %; cet intérêt sera dû jusqu'au moment de leur remboursement, qui aura lieu au moyen d'une retenue annuelle de 15 %, qui se fera sur les produits nets des diverses exploitations de la Communauté (voir art. 35).

Ces fonds seront pris par l'Etat sur ceux accordés pour la colonisation de l'Algérie.

Les remboursements partiels opérés par la Communauté au profit de l'Etat pourront, lorsqu'il le jugera convenable, être employés sous les conditions stipulées ci-dessus, à l'effet de fonder de nouveaux établissements, ou pour donner du développement à ceux déjà existants.

QUELQUES EXPLICATIONS

SUR LE PROJET.

Après ce premier aperçu, il nous reste à donner quelques explications propres à bien indiquer le but que nous nous sommes proposé dans nos plans d'organisation communale.

Deux faits nous ont particutièrement frappé dans l'état des colonisations modernes : le premier, c'est le défaut d'unité qui existe entre les colonies et leurs métropoles, et qui tient non-seulement à leur éloignement, mais encore à la nécessité où sont les métropoles de surcharger les colonies pour se couvrir des frais d'établissement et d'entretien que celles-ci leur occasionnent (1); le second, qui en est la conséquence forcée, c'est la tendance progressive que les unes ont

---

(1) Un fait récent vient appuyer notre assertion : A la suite du désastre de la Guadeloupe, le gouverneur de cette colonie en ayant ouvert les ports au commerce étranger pour les comestibles, le résultat de cette mesure a été que les farines de froment, dont le prix est de 5o à 6o fr. les 90 kilog., pour celles qui viennent ordinairement de France, est tombé à 27 fr. 50 c.

à s'affranchir des autres, et la perturbation d'intérêts que ce conflit peut entraîner avec lui.

Nous avons pensé que le seul moyen d'échapper à ce double danger était de donner au gouvernement, dans la colonisation de l'Algérie, une prépondérance toujours présente, toujours active, s'exerçant sans limites sur tous les intérêts de la Colonie, et de lui conserver ainsi, suivant les modifications imposées par la nature des lieux, son caractère de pouvoir central.

Ainsi, en plaçant, premièrement, dans toute son intégrité, la propriété foncière et industrielle de l'Algérie dans les mains de l'Etat, nous avons cru lui incorporer pour toujours cette nouvelle province.

Secondement, en soumettant l'armée, l'administration, l'industrie, à sa direction immédiate, en confondant ces moyens et ces intérêts gouvernementaux sous sa main, nous avons cru pouvoir lui assurer en Algérie cette unité d'action, cette force de centralisation qui rentre dans sa constitution intime.

En dehors de ce système essentiellement gouvernemental, la colonisation de l'Algérie nous semble, livrée à l'inhabileté des entreprises individuelles, devoir être indéfiniment ajournée par elles. La pacification du pays sera d'autant plus lente qu'on ne la poursuivra que par le moyen des armes, et que les idées civilisatrices, auxquelles elle devrait appartenir aujourd'hui, n'auront guère pour représentants que ceux-là même qu'elles auront proscrits.

C'est en effet une chose confirmée par l'expérience, que les colonisations, à leur début, sont le plus souvent entreprises par ceux qui cherchent dans l'expatriation, soit la position que leur pays leur refuse, soit l'indépendance que les lois condamnent.

Il est difficile d'apprécier le temps qu'il faudrait pour qu'une société, avec ses lois conservatrices, pût sortir de cette confusion de passions et d'intérêts divisés. L'action protectrice du gouvernement y suffirait à peine, et le jour où il aurait pu constituer un tout homogène de tant de choses séparées, où la colonisation serait définitivement établie, n'amènerait-il pas avec lui cette rivalité d'intérêts de la métropole et de la colonie qui finirait par l'émancipation de celle-ci. C'est donc pour épargner à la France tout ce que ce conflit aurait de coûteux pour elle, en lui faisant perdre le dédommagement de ses premiers sacrifices, que nous avons cru devoir placer sous son action immédiate l'avenir des intérêts qui doivent s'établir en Algérie, et lui éviter ainsi les épreuves dont la séparation de l'Angleterre et des États-Unis nous a fourni l'exemple. Tout en plaçant notre Communauté sous l'action directe du gouvernement, nous avons pensé que la création d'une Société était indispensabe. Ce sera soustraire ainsi à ces critiques incessantes, qui sont autant d'encouragements donnés aux idées révolutionnaires, un fait, par exemple, qui leur sert le plus souvent de prétexte, parce qu'étant le plus matériel, il est le mieux compris des masses : c'est le salaire des fonctionnaires représenté sans cesse comme une charge odieuse. Ce qui est injustement traité dans l'organisation ordinaire de tribut onéreux agravant l'impôt, ne sera, dans notre Communauté, qu'un intérêt créé au profit de tous les membres. Cette Communauté embrasse, en effet, au même titre de travailleurs, tous ceux qui la composent, les uns aidant les autres, chacun dans leurs fonctions respectives, et tous tendant vers ce but unique d'accroître, par son concours, les profits de l'association. L'envie ne poursuivra donc pas les employés ou fonctionnaires, puisqu'ils seront membres de la Communauté appliquant leur surveillance aux intérêts communs, dont la distribution proportionnelle sera placée sous la direction de l'administration supérieure. L'action de cette administration s'exerçant sur toutes les parties de la Communauté, fixant les appointements des fonctionnaires, le salaire des ouvriers, des manœuvres, des apprentis, les gages des hommes de peine, pourvoyant à l'entretien des écoles, des orphelins, distribuant à chacun son salaire et sa part de bénéfices ; cette administration, avec ses réglements d'ordre et d'économie et sa direction suprême dans les travaux et les emplois, sera d'autant plus acceptée par la Communauté qu'elle sera réellement le représentant de ses droits, de ses forces ; qu'elle sera son expression vivante, devant laquelle s'effaceront tous les préjugés révolutionnaires qui tiennent tous les pouvoirs en suspicion et les gouvernements en haine.

Que sera cependant en réalité cette administration omnipotente, si ce n'est le gouvernement lui-même? A lui seul appartiendra la direction qu'il voudra lui donner, puisqu'il présidera son Conseil par un des membres de la famille royale; que tous les membres du Conseil général, aussi bien que ceux du Comité central et son agent général seront nommés par lui, et que la Société dépendra encore du concours que lui prêtra le Gouverneur général de l'Algérie qui, par l'administration de la garde communale, a un pouvoir réel sur tous les membres de la Communauté.

Pour assurer encore au gouvernement une influence plus directe sur la Société, nous avons placé à Paris le siége de son administration supérieure. Il nous aurait semblé dangereux de constituer loin de lui un pouvoir directeur quelconque qui, dans la suite, aurait pu chercher à s'étendre et finir un jour par se rendre indépendant. Ces délégations de la puissance gouvernementale nous paraissent préparer toujours une usurpation future tendant à créer un état dans l'État : il nous a paru plus sage de ne demander au gouvernement que les forces nécessaires à l'établissement d'un département nouveau, à son incorporation à la métropole, et une protection bornée à l'importance du but que nous voulons atteindre.

RÉFUTATION

Des Difficultés que pourra présenter ce Projet.

Il nous reste maintenant à apprécier les difficultés morales et matérielles que nous pourrons rencontrer dans l'application de nos plans d'organisation.

Les difficultés morales reposent toutes sur les habitudes, les tendances, les goûts propres au caractère des individus appelés à faire partie de la Communauté, c'est-à-dire des indigènes et des colons européens. Quels rapports les uns et les autres pourront-ils trouver entre leurs mœurs premières et les mœurs nouvelles de notre organisation? Y aura-t-il attrait de rapprochement ou antipathie invincible? C'est ce qu'il importe d'examiner : peu de mots y suffiront.

Quant aux indigènes, nous avons déjà fait observer qu'il existe une analogie frappante entre les lois de la tribu et celles de notre Communauté; une liaison intime rattache tous ses membres entre eux, rend commune à tous l'injure d'un seul, et courbe leur indépendance naturelle sous la volonté d'un chef. La propriété elle-même est soumise à cette loi de solidarité; le pâturage est le bien de la tribu entière, et les droits de l'individu viennent s'y confondre dans les droits de tous.

Notre organisation présentera donc aux indigènes des analogies frappantes avec les habitudes d'obéissance au commandement supérieur, de distribution dans les fruits de la terre, que le temps leur a rendues chères et sacrées. Notre civilisation apportera sans doute des modifications sensibles à cet état de choses primitif encore ; mais elle sera d'autant mieux acceptée qu'elle en respectera les bases fondamentales, et qu'elle attirera à elle, sans violence, par le seul effet d'une fusion constante d'intérêts avec les nouveaux venus, ceux que la force des armes n'aurait pu réduire. Ainsi pourra s'accomplir cette conquête pacifique que l'impuissance des efforts individuels a vainement tentée, et qui, par son action bienfaisante, pourra s'étendre au-delà des bornes de nos possessions présentes.

Nos colons trouveront-ils de leur côté dans notre organisation assez d'attrait, un rapport assez marqué avec la tendance et les besoins de leur position, pour qu'ils veuillent s'y soumettre ? sera-ce une violence ou une concession pour eux ? Cette partie inquiète de notre population à laquelle appartiennent à peu près les colons que nous appellerons, a remis de nos jours en question cette théorie surannée de partage de biens, de lois agraires, que toutes les sociétés retrouvent, dans leur moment critique, toujours debout comme un stimulant offert par leurs chefs aux anarchistes de tous les temps.

L'émeute a mis le principe en scène, et au succès seul a tenu la mise en œuvre ; mais, pour être un instant repoussées, des tentatives insensées n'ont point été définitivement vaincues, et elles ont laissé à leurs fauteurs le soin de leur préparer, par la discussion, des jours meilleurs. Le danger est donc encore présent, et le pouvoir est toujours à la veille de recommencer une de ces guerres sociales d'où la paix ne saurait sortir. Ne serait-il pas plus rationnel et plus prudent de s'emparer du mouvement révolutionnaire, en lui donnant une déviation, de le régler en lui livrant, sur un terrain neutre, les satisfactions de partage qu'il convoite, et que la société constituée lui refuserait toujours ? C'est dans ce but que nous avons soumis à ces lois de partage, ambitionnées par les populations oisives l'organisation de notre communauté ; c'est pour arriver à cette distribution équitable des fruits du travail réclamée par elles, que nous avons établi notre répartition proportionnelle aux efforts de chacun. Cette concession, faite avec les tempéraments que la prudence indique aux besoins des classes inférieures, pourrait-elle être sans attrait pour elles? Ne sera-ce pas un appel direct à leurs besoins ; quelque chose qui se rapproche des principes de justice dont elles s'autorisent, et notre organisation n'a-t-elle point écarté ainsi cette difficulté morale que nous avons prévue, pour la résoudre à l'avance ?

Ajoutons que notre communauté restant placée sous la surveillance immédiate du gouvernement, recevant de lui seul son impulsion, sera limitée par lui dans son propre mouvement, et que, outre le défaut d'intérêt qu'il y aurait, elle n'aura pas la puissance d'abuser du principe sur lequel elle reposera.

Les difficultés matérielles de notre Communauté paraîtront sans doute les plus graves de toutes, et l'on craindra pour la régularité de l'administration intérieure cette complication d'intérêts agricoles, industriels et commerciaux. C'est le tort de toutes les organisations nouvelles de faire entrevoir dans leur établissement des difficultés pratiques prises, par défaut d'examen, pour de véritables impossibilités. Nos organisations, militaire et administrative, que d'autres États nous envient aujourd'hui, ont dû, à leur début, inspirer les mêmes défiances, et l'ordre est néamoins sorti de ces combinaisons, de ces rouages multipliés qui n'ont besoin que de temps, pour suivre un cours constamment régulier. Nos administrations nouvelles ont eu cependant à lutter contre des habitudes prises et des idées reçues; il a fallu, en les établissant, tenir compte du passé, transiger quelquefois avec lui. Ces difficultés d'application auraient été certainement moins grandes si l'on eût agi sur un terrain neuf, sans précédents, dans cette position exceptionnelle que nous offre l'Algérie. Qu'est-ce qui pourrait rendre plus difficile que l'organisation de l'administration et de l'armée française, l'organisation du commerce et de l'industrie? Etant placée également sous un pouvoir supérieur, ses délégués seront-ils plus nombreux? y aura-t-il plus de difficulté à transmettre des ordres à un atelier qu'à un bataillon? Qu'importent les uns ou les autres, pourvu qu'ils aient leurs chefs et que leurs attributions soient convenablement déterminées? Quelle différence y a-t-il, par exemple, entre l'administration de nos droits réunis, qui connaît, à une bouteille près, la quantité d'eau-de-vie et d'esprit que fabriquent nos distillateurs, et la connaissance des produits de nos diverses industries? Notre surveillance ne sera-t-elle même pas beaucoup plus efficace, puisque la Communauté d'intérêts qui existera entre tous les membres de notre association rendra leur vérification plus exacte, et que tous s'opposeront à la fraude, qui leur porterait un préjudice direct? Nous pourrions, si les bornes de cet exposé ne s'y opposaient, entrer dans un grand nombre de détails comparatifs, prouvant que les difficultés pratiques de notre Communauté ne seront pas certainement aussi sérieuses que celles des administrations existantes.

Notre Communauté pourra-t-elle supporter tous les frais attachés à son organisation? Sera-t-elle une charge pour l'État? Ce sont les dernières difficultés matérielles qui se présentent.

L'affirmative nous paraît incontestable sur le premier point. En effet, nos travaux, étant collectifs, doivent jouir de tous les avantages assurés à ce mode d'exploitation. Ils seront affranchis d'une partie des charges et des éventualités qui pèsent sur l'industrie individuelle, et qu'elle peut supporter néanmoins. Placés dans de meilleures conditions, nous devons donc compter sur des avantages considérables. Il nous paraît inutile d'insister sur ce point, puisque ce serait discuter une chose depuis long-temps jugée.

Loin d'être un fardeau pour l'État, il nous semble que notre Communauté deviendra dans peu de temps pour lui une branche de revenus considérables.

Ses charges se réduisent : 1° à mettre à la disposition de la Communauté les établissements et les terres qu'il possède en Algérie, et qui ne sont pas réclamées pour le service civil ou militaire; 2° à faire protéger par l'armée les premiers établissements de la communauté ; 3° à appliquer au profit de celle-ci une partie des fonds que le budget met à sa disposition pour la colonisation de l'Algérie.

Jusqu'à ce jour, les fonds votés ont souvent été donnés aux colons sans obligation de remboursement; la terre leur a été le plus souvent livrée, sans autres charges que celles d'un impôt à venir. En supposant que la colonisation partielle pût prendre assez de développement pour

supporter un impôt foncier, ce ne pourrait guère être avant une période
de 20 ans; jusque-là donc, l'État aurait fait, sans aucune indemnité,
tous les frais d'une colonisation aventureuse.

Dans notre système d'organisation, l'État reste au contraire propriétaire incontestable des terres de la Communauté, il perçoit immédiatement un tiers de ses produits, et prélève avant partage 15 % comme remboursement de ses premiers secours. Ainsi donc, outre l'impôt que compense largement sa part d'intérêt dans les bénéfices, il rentre dans ses déboursés et reste, comme propriétaire et directeur de la Communauté, le véritable chef d'une colonisation qu'il peut soumettre à ses vues politiques. La colonisation individuelle cesse, dès lors, d'être à sa charge, et il n'a plus besoin pour la protéger de disséminer ses forces militaires, puisque la Communauté, militairement organisée, suffira seule à sa propre sécurité.

Tels sont les points principaux d'un système qui, pour être convenablement décrit, exigerait de plus longs développements ; nous avons voulu, avant de fatiguer par de plus longs détails ceux qui peuvent être appelés à l'examiner, leur soumettre les principes qui ont présidé à nos méditations. Ces principes sont de la nature de ceux qui cherchent à centraliser dans les mains du pouvoir toutes les idées comme tous les moyens sociaux, et à assurer par leur application équitable la tranquillité des masses et la sécurité des honnêtes gens.

www.ingramcontent.com/pod-product-compliance
Lightning Source LLC
Chambersburg PA
CBHW051553070726

47594CB00017B/1333